图书在版编目（CIP）数据

成都漫游记 / 华星著；潘特尔文化绘. — 石家庄：
河北少年儿童出版社, 2023.10
（大中华城市漫游记）
ISBN 978-7-5595-6009-4

Ⅰ.①成… Ⅱ.①华… ②潘… Ⅲ.①成都—概况—
少儿读物 Ⅳ.①K927.11-49

中国国家版本馆CIP数据核字(2023)第181613号

大中华城市漫游记

成都漫游记

CHENGDU MANYOU JI

华 星 著　潘特尔文化 绘

选 题 策 划	段建军　孙卓然　赵玲玲	
责 任 编 辑	郑　哲　庞子庆	特 约 编 辑　王新军　梁　容
美 术 编 辑	穆　杰	装 帧 设 计　赵　晨

出　　　版	河北出版传媒集团　河北少年儿童出版社
	（石家庄市桥西区普惠路 6 号　邮政编码：050020）
发　　　行	全国新华书店
印　　　刷	鸿博睿特（天津）印刷科技有限公司
开　　　本	787 mm×1 092 mm　1/8
印　　　张	5
版　　　次	2023 年 10 月第 1 版
印　　　次	2023 年 10 月第 1 次印刷
书　　　号	ISBN 978-7-5595-6009-4
定　　　价	49.80 元

大中华城市漫游记

成都漫游记

华 星 著

潘特尔文化 绘

河北出版传媒集团　河北少年儿童出版社

成都，简称"蓉"，又名蓉城、锦城，是四川省省会。成都是一座历史文化名城，自古就有"天府之国"的美誉。

"到成都后的第一站，你最想去哪里游览？"蓉蓉问。

华华想去看大熊猫，于是，他们就来到了成都大熊猫繁育研究基地。

我是蓉蓉，我会带你游览我的家乡——成都！

我是华华，我喜欢探索全国的城市，发现每座城市的美好。

　　这里翠竹葱茏，绿树成荫，一共生活着两百多只大熊猫，被誉为"国宝的自然天堂"。

　　"快看，好多大熊猫啊！"华华说。

　　大熊猫的宝宝活泼好动，成年大熊猫憨态可掬，真可爱！

"丞相祠堂何处寻,锦官城外柏森森。"杜甫诗中的"丞相祠堂"就是指武侯祠,是纪念刘备、诸葛亮等蜀汉英雄人物的祠庙。

"你听过刘备和诸葛亮的故事吗?"蓉蓉向华华介绍道,"刘备曾经三顾茅庐请诸葛亮出山,后来诸葛亮帮助刘备,与曹操、孙权形成三足鼎立之势。"

　　走出武侯祠，他们来到锦里古街，这是一条历史悠久、富有商业气息的街道。青石板铺路，建筑古色古香，店铺各式各样，街上行人摩肩接踵。若是夜间来逛，整条街灯火通明，红彤彤的灯笼在风中摇晃，人们坐在街边品茶，好不悠闲。

"'安得广厦千万间，大庇天下寒士俱欢颜！'华华，你知道这是谁的诗吗？"蓉蓉问。

"是杜甫的诗。"

"没错！杜甫曾在成都居住近四年时间，咱们去他的故居——杜甫草堂看看吧。"

　　杜甫草堂位于成都西郊外的浣花溪畔，建筑精巧，错落有致。东穿花径，西凭水槛。步入草堂，只见竹影摇曳。华华仿佛穿越时空，偶遇诗人在吟诵诗句"花径不曾缘客扫，蓬门今始为君开"。

　　杜甫为避免战乱，身居茅屋，虽境遇困顿，但仍然忧国忧民。在此创作诗歌240余首流传至今，杜甫草堂被誉为"中国文学史上的圣地"。

华华每到一座城市，都喜欢去当地的博物馆参观。所以，他请求蓉蓉带他去参观四川博物院。

四川博物院是西南地区最大的综合性博物馆，现有院藏文物 35 万余件，藏品巴蜀青铜器、汉代陶石艺术、历代陶瓷作品、张大千绘画作品等，非常有特色。

"四川博物院的'镇馆之宝'你都知道哪些呢？"蓉蓉问。

东汉轺 (yáo) 车画像砖

西周象首耳卷体夔（kuí）纹铜罍（léi）

唐青釉人首鸡身瓷俑

东汉陶说唱俑

逛完博物馆，肚子有点儿饿了，蓉蓉带着华华来到宽窄巷子，一边走一边介绍说："宽窄巷子是一条较成规模的清朝古街道，由宽巷子、窄巷子、井巷子平行排列组成……"

赖汤圆

豌豆饼

酸辣肥肠粉

三大炮

麻辣火锅

走进宽窄巷子，便见灰瓦青砖，仿佛让人回到了百年以前。这里的门店一家挨着一家，商品琳琅满目，还有各种特色小吃，让人垂涎欲滴。巷子里人来人往，热闹非凡。夜晚的宽窄巷子比白天更有韵味，在阑珊的灯火中，点一份夜宵品尝，足以让人沉醉。

"不吃火锅，枉来成都。走，我带你吃火锅去！"蓉蓉提议。

　　蓉蓉和华华来到天府广场。天府广场位于成都的市中心，以前被叫作"皇城坝"，旁边就是被老百姓称为"皇城"的蜀王府。

　　"天府广场是成都的地标，周围汇集了很多好玩儿的地方，有四川省美术馆、四川省图书馆、四川省科技馆、成都市博物馆……"蓉蓉说。

"我听说成都有一栋大楼，楼外面有一只正在攀爬的'大熊猫'？"华华问。

"你说的是成都国际金融中心吧，走，咱们去看看。"

成都国际金融中心，是成都的时尚地标，最有名的就是外墙上那只撅着屁股正努力向上攀爬的大熊猫雕塑。好多人在这里排队，只为了和这只大熊猫合影！

"你听说过天府熊猫塔吗？"蓉蓉问。

"这个名字好可爱，为什么叫熊猫塔呢？"

"这座塔原来叫锦绣天府塔，后来更名为天府熊猫塔，是为了更突出四川的特色——大熊猫。"

天府熊猫塔高 390 米，是中国西部第一高塔。塔上有透明玻璃观景平台，可以俯瞰整个成都，体验心跳加速的感觉。塔上还有旋转餐厅。游客们可以在餐厅里一边品美食，一边赏风景，十分惬意。

"你还想尝尝成都其他特色小吃吗？"蓉蓉问。

"好啊，成都的小吃总是吃不够。"华华回答道。

"今天带你去文殊院附近吃小吃去。"

甜水面

豆汤饭

张凉粉

闻酥园糕点

桃酥

文殊院附近的小吃非常值得品尝，豆汤饭、闻酥园糕点、甜水面、张凉粉、黄凉粉……每一种都让华华直呼过瘾。

黄凉粉

"蓉蓉，等你长大了最想考上成都的哪所大学？"华华问。

"当然是四川大学。我妈妈就是从四川大学毕业的。"蓉蓉自豪地说。

"四川大学不但是全国重点大学，科研实力雄厚，而且环境也很优美，咱们一起去校园里散散步吧。"蓉蓉拉着华华就走。

"'近水遥山入画笺，薛涛赋句锦江边。五云仙馆留遗墨，花蕊飘飞祭古贤。'这首诗描述的就是成都的望江楼，咱们去望江楼公园看看吧！"蓉蓉说。

　　望江楼公园是为了纪念唐代四大女诗人之一的薛涛而修建的。其中的崇丽阁因其伫立在江边，所以民间又称望江楼，是成都历史文化名城的标志。

望江楼上镌刻着一副对联的上联，相传是清代一位名士写下的，在当时无人能对出下联："望江楼，望江流，望江楼上望江流。江流千古，江楼千古。"

　　蓉蓉对华华说："你也可以试着对一下下联。"

商周石虎

商周蛙形金箔

商周太阳神鸟金饰

商周大金面具

商周铜立人

蓉蓉和华华来到金沙遗址博物馆。金沙遗址博物馆是一座遗址类博物馆，展示了一种独特的、不同于古代黄河流域文明以及世界其他古代文明的古蜀文明。商周大金面具、商周太阳神鸟金饰、商周蛙形金箔等藏品造型精美，令华华赞叹不已。

"成都的山都很有特点，我带你去青城山看看吧。"蓉蓉说。

"我早就想去啦。"华华说。

青城山风景优美，素有"青城天下幽"的美誉。清澈的溪水、蜿蜒的小路、挺拔的大树，两人身处青城山，仿佛置身于一幅幅水墨山水画中。

"我猜你肯定没有听说过李冰父子治水的故事吧？"蓉蓉说，"为治理岷江水患，李冰父子主持修建了都江堰水利工程。两千多年过去了，都江堰水利工程仍然在发挥作用，真是一个神奇的存在！它有效控制住了岷江水，起到了防洪和灌溉的作用，体现了古代劳动人民的智慧。"

　　蓉蓉和华华来到都江堰，参观了被誉为"水上画楼"的南桥，看着滔滔的岷江水，他们激动的心情久久难以平静。

　　"'窗含西岭千秋雪，门泊东吴万里船'，你知道
这句诗里提到的西岭是哪里吗？"蓉蓉问。

　　"是哪里？"

　　"西岭雪山，它因杜甫的千古绝句而得名。"

西岭雪山四季都有独特的景色,春日山花烂漫,夏天瀑布成群,秋季红叶耀眼,冬时雪景迷人,是一个让人陶醉的地方。

成都历史悠久，地理位置得天独厚，人文资源星罗棋布，吸引了许多文人墨客到成都游览、生活。诗仙李白曾赋诗赞美成都："九天开出一成都，万户千门入画图。草树云山如锦绣，秦川得及此间无。"

成都真是太好玩儿了，华华流连忘返，临走时，他恋恋不舍地和蓉蓉道别："再见，蓉蓉！再见，成都！"

知识拓展

大熊猫

大熊猫是中国特有的物种，被誉为"活化石"和"中国国宝"。大熊猫的食物主要是竹子，主要栖息地是我国四川、陕西和甘肃的山区。

武侯祠

现在成都的武侯祠，是纪念刘备、诸葛亮等蜀汉英雄的君臣合祀祠庙，由汉昭烈庙、武侯祠、惠陵、三义庙四部分组成。

杜甫草堂

杜甫为避"安史之乱"，携家带口来到成都，在友人帮助下，在浣花溪畔修筑茅屋居住。后倾毁不存。后人"思其人而成其处"，得以复建保存，供人们纪念。

望江楼

望江楼建筑群以崇丽阁为主，取《蜀都赋》中"既丽且崇"之意命名，是为了纪念唐朝女诗人薛涛而建立的。

都江堰水利工程

都江堰是当今世界年代最远、以无坝引水为特征的大型水利工程。其工程体系包括渠首枢纽、灌区各级引水渠道、各类工程建筑物和大中型水库等。

西岭雪山

西岭雪山海拔从 1260～5364 米不等。最高峰为大雪塘，海拔 5364 米，终年积雪不化，为成都第一峰。